NOTICES

SUR

MARIE STUART,

REINE D'ÉCOSSE,

ET SUR

MARIE - ANTOINETTE,

REINE DE FRANCE.

NOTICES

SUR

MARIE STUART,

REINE D'ÉCOSSE,

ET SUR

MARIE - ANTOINETTE,

REINE DE FRANCE;

EXTRAITES

DU CATALOGUE RAISONNÉ DE LA COLLECTION DE PORTRAITS DE M. CRAUFURD.

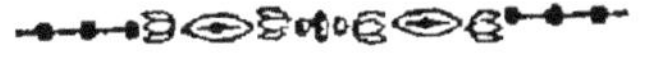

PARIS.

DE L'IMPRIMERIE DE J. GRATIOT.

1819.

NOTICE

SUR

MARIE STUART.

CE portrait original appartenait au roi de France, et fut vendu publiquement pendant la révolution : figure en pied de grandeur naturelle, la main gauche appuyée sur une table couverte d'un tapis vert; *hauteur* de la figure, cinq pieds trois pouces français (ou cinq pieds huit pouces anglais) depuis l'extrémité de la coiffe jusqu'à l'extrémité de la robe; *vêtement*, robe de velours, rose tendre, brodée en perles, avec ceinture également en perles, et tombant jusqu'aux genoux; *coiffure*, un petit bonnet formant la pointe sur le front.

Marie Stuart, fille unique de Jacques V, roi d'Écosse, et de Marie de Lorraine sa seconde femme (1), naquit à Édimbourg le 14 décembre 1542,

---

(1) Il avait épousé en premières noces Madeleine, fille aînée de François Ier. Voyez les *Essais sur la Littérature française*, par l'auteur de cette Notice, troisième édition, tome I, page 335.

huit jours après la mort de son père. Henri VIII, roi d'Angleterre, avait projeté le mariage de son fils Édouard avec cette jeune princesse : il étoit à peu près du même âge. Mais la politique de la reine régente d'Écosse, et les liaisons étroites qu'elle avait conservées avec la France, où les Guise ses oncles exerçaient déjà une puissante influence, firent manquer ce projet; et, pour empêcher qu'il ne se renouvelât, la jeune reine fut envoyée à la cour de France, où elle arriva en juin 1548. Ses grâces naturelles et son esprit se développèrent merveilleusement dans l'excellente éducation qu'elle y reçut (1); et son mariage avec le jeune dauphin fut arrêté, d'accord avec le roi Henri II, et les Guise, qui regardaient ce mariage comme un des plus solides fondemens de leur gran-

---

(1) « La beauté et les grâces de sa personne excitaient l'admiration universelle, tandis que l'élégance et la politesse de ses manières commandaient le respect général. A tous les charmes de son propre sexe, elle joignait beaucoup de perfections de l'autre. Ses connaissances dans les arts et les sciences réputés alors nécessaires ou d'ornement surpassaient infiniment celles qu'acquiert le commun des princes. Et une affabilité obligeante, laquelle, sans rien ôter à la dignité du prince, lui gagne, comme par magie, les cœurs de ses sujets, ajoutait encore à l'agrément de toutes ses autres qualités. » *Robertson.*

deur. Mais, précisément par cette raison, Catherine de Médicis et le connétable de Montmorency s'étudièrent à y mettre tous les jours de nouveaux obstacles.

Le connétable disait que, bien que Marie apportât une couronne pour dot, cette considération ne devait pas l'emporter sur un intérêt plus pressant; qu'il valait mieux avoir les Écossais pour alliés que pour sujets; que, dans le premier cas, on les trouverait toujours disposés à servir, à peu de frais, la France contre l'Angleterre; que, dans le second, il faudrait se donner beaucoup de peines, et dépenser beaucoup d'argent pour contenir dans le devoir un peuple pauvre, fier, indocile et guerrier.

Catherine de Médicis, qui redoutait l'ascendant qu'un esprit cultivé, les grâces et la beauté donneraient infailliblement à sa belle-fille sur le cœur du jeune dauphin, doux, timide et sans caractère, disait qu'il n'y avait pas d'inconvénient à différer le mariage; parce qu'on tenait la jeune épouse en France, et qu'elle *ne s'envolerait pas au-delà des mers*.

Le roi ne fut pas de cet avis, le mariage fut arrêté et conclu. Les Écossais envoyèrent des députés en France, pour assister, en leur nom, à la cérémonie des noces. Ces députés furent reçus avec les plus grands honneurs. Le roi de France, pour témoigner aux Écossais combien il désirait resserrer les liens qui allaient unir les deux nations, leur accorda, dans son royaume, le droit de naturalité, avec la faculté d'y posséder toutes sortes de bénéfices, et de parvenir à tous les emplois civils et militaires, concurremment avec les Français. Le mariage fut célébré dans le mois d'avril 1558, par des fêtes, et avec une pompe digne de la plus élégante et magnifique cour de l'Europe.

Ce mariage, hélas! n'eut pas de suites heureuses. Deux ans après, l'époux de Marie, devenu François II, mourut à l'âge de dix-sept ans, après un règne de dix-sept mois. Sa mort fut attribuée au poison par ces bruits populaires, si communs dans les temps de troubles. Mais la mauvaise santé habituelle du prince dispense d'ajouter foi à de pareilles imputations. La jeune et charmante veuve quitta la France, par le conseil du cardinal de Lorraine, mais non sans les plus vifs regrets. Et comment n'eût-elle pas éprouvé de chagrin, en sortant d'une cour brillante dont elle était le plus bel ornement, pour aller vivre au milieu d'une noblesse rude et turbulente, dont les dissensions religieuses étaient venues, depuis quelque temps, augmenter l'effervescence.

De retour en Écosse, dans le mois d'août 1561, Marie, cédant au vœu de ses sujets, épousa, quatre ans après (1), Henri Stuart comte de Darnley, son cousin, prince qui réunissait tous les agrémens extérieurs, mais qui était dépourvu des qualités nécessaires pour fixer l'affection d'une princesse aussi accomplie que Marie. A l'amour qu'il lui avait d'abord inspiré, succéda un dégoût insurmontable. Il fut assassiné en 1567, à Edimbourg, dans une maison particulière, où les assassins avaient trouvé moyen de l'attirer, et qu'ils firent sauter par une mine. Rien ne constate que Marie eût aucune part à cette atrocité.

Elle épousa en troisièmes noces Jacques Hepburn comte de Bothwel, homme ardent, ambitieux, qui passait pour son favori, et qu'on croit n'avoir pas été étranger au complot qui avait ôté la vie au comte de Darnley. Cette union malheureuse la priva de l'amour et du respect des Écossais. Abandonnée de ses sujets et de son armée, elle chercha un asile en Angleterre; mais elle n'y trouva qu'une prison, et enfin la mort, après dix-huit ans de douleurs et de captivité.

Elisabeth la fit d'abord recevoir à Carlisle, avec les honneurs dus à son rang. Bientôt après, elle lui fit dire « qu'étant accusée par la voix publique « du meurtre de son époux, elle devait s'en jus-

(1) En juillet 1565.

« tifier. » Elle fut arrêtée et conduite à Tewksbury, et ensuite à Fotheringai. Elle fut interrogée devant une commision contre laquelle elle protesta. Jamais jugement ne fut plus incompétent, jamais procédure ne fut plus irrégulière. Elisabeth n'avait sur Marie d'autre juridiction que celle du puissant sur le faible et sur le malheureux ; mais sa politique, et peut-être son amour-propre blessé par la supériorité des charmes de Marie, la portèrent à sacrifier cette illustre victime.

« Le 11 octobre, les commissaires nommés par Elisabeth arrivèrent à Fotheringai. Le lendemain, ils remirent à Marie une lettre de la reine, dans laquelle, après les accusations et les reproches les plus sanglans, elle lui disait que la sûreté de sa propre personne exigeait, à la fin, qu'il fût fait une enquête publique de sa conduite ; que, comme elle vivait depuis si long-temps sous la protection des lois d'Angleterre, elle demandait qu'elle se soumît au procès que ces lois ordonnaient qui fût fait de ses crimes. Marie, bien qu'étonnée de ce message, ne fut pas effrayée par le danger, et n'oublia pas sa dignité. Elle protesta, de la manière la plus solennelle, qu'elle était innocente du crime dont on l'accusait, et qu'elle n'avait jamais favorisé aucune entreprise contre la vie de la reine d'Angleterre ; mais, en même temps, elle refusa de reconnaître la compétence de ses commissaires : « Je vins dans « ce royaume, dit-elle, en souverain indépendant, « pour implorer le secours de la reine, et non pour « me soumettre à son autorité. Mon esprit n'est « pas tellement abattu par mes infortunes passées, « ni intimidé par mes dangers présens, que je me « soumette à aucune chose indigne de la majesté « d'une tête couronnée, ou qui déshonorerait le « sang dont je sors, ni le fils auquel je laisserai « mon trône. S'il faut que je sois jugée, je ne puis « avoir que des princes pour pairs. Les sujets de « la reine d'Angleterre, quelque noble que soit « leur naissance, sont d'un rang inférieur au mien. « Depuis mon arrivée dans ce royaume, je n'ai « cessé d'être prisonnière. Les lois ne m'ont jamais « offert aucune protection. Qu'on ne les perver- « tisse pas aujourd'hui, pour m'ôter la vie (1). »

Marie, condamnée à mort, la reçut avec un courage et un calme dignes des plus grands héros : *La mort*, dit-elle, *qui doit mettre fin à mes malheurs, ne me cause pas de peine.*

Elle demanda un confesseur catholique, on lui envoya un ministre protestant. Elle désira la présence de deux de ses plus fidèles domestiques. Le comte de Kent lui refusa cette grâce avec dureté.

(1) Robertson.

Touchée de ce refus, elle s'écria : « Je suis du sang de « Henri VIII. Je fus reine de France, par mariage. « J'ai été sacrée reine d'Ecosse.... » paroles fermes et remarquables dans une telle conjoncture.

Une heure avant sa mort, voyant M. Melvill, homme digne de sa confiance, pleurer avec amertume : « Adieu, mon cher Melvill, lui dit-elle, ne pleures pas tant : je vais voir le terme désiré de mes malheurs. Tu diras que je suis morte inébranlable dans la religion, et que j'ai pardonné à ceux qui ont été altérés de mon sang. Tu engageras mon fils à se souvenir de sa mère. Adieu encore une fois, ta maîtresse et ta reine se recommande à tes prières. »

Le 18 février 1587, s'étant levée deux heures avant le jour, elle s'habilla avec plus de soin qu'à l'ordinaire; et, ayant pris une robe de velours noir : « J'ai gardé, dit-elle, cette robe pour ce grand jour, « parce qu'il faut que j'aille à la mort avec un peu « plus d'éclat que le commun. » Elle rentra ensuite dans son oratoire, où, après quelques prières, elle se communia elle-même d'une hostie consacrée, que le pape Pie V lui avait envoyée secrètement. Lorsque les commissaires entrèrent, elle les remercia de leurs soins, en ajoutant : « Les Anglais ont « trempé plus d'une fois leurs mains dans le sang « de leurs rois : je suis de ce même sang ; ainsi il « n'y a rien d'extraordinaire dans ma mort. » On la conduisit dans une salle, où l'on avait élevé un échafaud tendu de noir. Les spectateurs qui la remplissaient, furent frappés en voyant le maintien assuré de cette reine qui avait conservé encore ses charmes et ses grâces. Quand il fallut quitter ses habits, elle ne voulut point que le bourreau fît cette fonction, disant qu'*elle n'était pas accoutumée à se faire servir par de pareils valets*. Après avoir fait quelques prières, elle tendit, sans montrer la moindre frayeur, sa tête, qui ne fut séparée du corps qu'au second coup; et le bourreau montra cette tête qui avait porté deux couronnes, aux quatre coins de l'échafaud, comme celle d'un criminel. Telle fut la fin tragique de cette belle et infortunée princesse, à l'âge de près de quarante-cinq ans.

Gregorio Leti, dans son Histoire de la reine Élisabeth, rapporte une anecdote qui a été citée, d'après lui, par Moreri et autres écrivains. « Marguérite Lambrun, dit-il, était une Écossaise, de la suite de Marie Stuart. Après la mort tragique de cette infortunée princesse, le mari de Marguerite Lambrun ne put survivre à la perte de sa maîtresse; il en mourut de douleur, et sa femme prit aussitôt la résolution de venger la mort de l'un et de l'autre. Elle s'habilla donc en homme, prit le nom d'Antoine Sparch, et se rendit à la cour de la reine

Élisabeth. Elle portait toujours sur elle deux pistolets, l'un pour tuer cette princesse, et l'autre pour se tuer elle-même, afin d'éviter les mains de la justice. Un jour qu'elle perçait la foule pour s'approcher de la reine, qui se promenait dans ses jardins, elle laissa tomber un de ses pistolets. Les gardes qui s'en aperçurent, se saisirent d'elle : on la voulait traîner en prison ; mais la reine, qui la prenoit pour un homme, voulut l'interroger elle-même, et lui demanda son nom, sa patrie et sa qualité. A quoi elle répondit avec hardiesse et fermeté : « Madame, je suis femme, quoique je porte cet habit : je m'appelle Marguerite Lambrun ; j'ai été plusieurs années au service de la reine Marie ma maîtresse, que vous avez si injustement fait mourir ; et, par sa mort, vous avez été cause aussi de celle de mon mari, mort de déplaisir de voir périr aussi injustement une reine si innocente. C'est ce qui a fait qu'aimant l'un et l'autre beaucoup, j'avais résolu, au péril de ma vie, de venger leur mort par la vôtre. Il est vrai que j'ai été fort combattue, et j'ai fait tous les efforts possibles sur moi-même, pour me détourner d'un si pernicieux dessein ; mais je ne l'ai pu, et j'ai été contrainte d'expérimenter qu'il n'y a ni raison ni force qui soient capables d'empêcher une femme de se venger, lorsque l'amour s'en mêle, et qu'il

« nous excite à la vengeance. » Quoique la reine eût grand sujet d'être émue d'un tel discours, elle ne laissa pas de l'écouter froidement, et de lui répondre tranquillement : « Vous avez donc cru faire « votre devoir, et rendre à l'amour que vous avez « pour votre maîtresse et pour votre mari ce qu'il « demandait ? Mais quel pensez-vous que doit être « aujourd'hui mon devoir envers vous ? » Marguerite répliqua avec fermeté : « Je dirai franchement « à Votre Majesté mon sentiment, pourvu qu'il « lui plaise me dire premièrement si elle demande « cela en qualité de reine ou en qualité de juge. » La reine lui répondit que c'était en qualité de reine. « Votre Majesté doit donc accorder la « grâce. — Quelle assurance me donnez-vous, « lui dit la reine, que vous n'en abuserez pas, « et que vous n'entreprendrez pas une seconde « fois une action semblable, dans quelque autre « occasion? A quoi la Lambrun repartit : « Ma-« dame, la grâce que l'on veut donner avec tant « de précaution n'est plus une grâce; et ainsi « Votre Majesté peut agir contre moi comme juge. » La reine, s'étant retournée vers quelques personnes de son conseil, qui étaient présentes, leur dit : « Il « y a trente ans que je suis reine; mais je ne me « souviens pas d'avoir trouvé une personne qui « m'ait donné une pareille leçon. » Ainsi elle voulut lui donner la grâce entière et sans condition, quoi que le président de son conseil lui pût dire, pour l'obliger à faire punir cette femme. Elle pria la reine d'avoir la générosité de la faire conduire sûrement hors du royaume, et jusqu'aux côtes de France, ce qu'elle lui accorda; et l'on regarda cette demande comme un trait de la prudence de cette femme. »

Voici comme s'exprime Brantome au sujet de Marie Stuart, dans ses *Mémoires*, si naïfs, si renommés, et si nécessaires à ceux qui veulent connaître l'histoire anecdotique du seizième siècle.

« Ainsi que son bel âge croissait, ainsi croissait sa beauté incomparable; et pour celle de l'ame, elle n'était pas moins merveilleuse, car elle était fort savante; elle écrivait et parlait six sortes de langues. Dès l'âge de treize ans, elle déclama au Louvre, en présence du roi et de toute la cour, une oraison en latin, qu'elle avait faite elle-même. Elle parlait français, mieux que si dans la France elle eût pris naissance. Elle se réservait tous les jours deux heures pour étudier et lire, aussi n'y avait-il aucune science humaine, qu'elle n'en discourût bien. Elle aimait la poésie, et se mêlait de faire des vers, dont j'ai vu aucuns de beaux et très-bien faits. Elle a fait une élégie sur son partement de France, que j'ai entendu lire à elle-même, la larme à l'œil et les soupirs au cœur .... Elle aimait à causer avec M. Ronsard, M. Dubellay et M. de Maison-Fleur, qui ont fait aussi de belles poésies, et qui admiraient les siennes....»

Parmi beaucoup de manuscrits conservés dans le collége écossais à Paris, et dont la plus grande partie a été perdue pendant la révolution de France (1), il y avait des lettres originales écrites par Marie pendant sa captivité, qui étaient des plus touchantes, et qu'on ne se lassait point d'admirer. Elle joignait à beaucoup de qualités, des connaissances en littérature, et du goût pour les arts. Quoiqu'elle n'eût que dix-neuf ans lorsqu'elle retourna en Écosse, elle s'était déjà montrée la protectrice des arts et des lettres. Elle distingua surtout le poëte Ronsard, qui avait accompagné son père Jacques V en Écosse, lorsqu'il épousa en premières noces Madeleine de France, fille de François Ier. Il y a de la musique et des vers de sa composition. Je citerai ses *Adieux* en quittant la France, quoique très-connus; ainsi qu'une romance, dont elle fit les vers et la musique, à l'occasion de la mort de son mari François II, et que voici :

---

(1) En 1792, il y eut une négociation entamée pour acheter ces manuscrits pour le compte du gouvernement d'Angleterre : malheureusement elle échoua.

En mon triste et doux chant,
D'un ton fort lamentable,
Je jette un œil touchant
De perte irréparable;
Et en soupirs cuisans,
Je passe mes beaux ans.

Fut-il un tel malheur
De dure destinée,
Ni si triste douleur
De dame infortunée,
Qui mon cœur et mon œil
Vois en bière et cercueil?

Qui en mon doux printemps,
Et fleur de ma jeunesse,
Toutes les peines sens
D'une extrême tristesse;
Et en rien n'ai plaisir
Qu'en regret et désir.

Si, en quelque séjour,
Soit en bois, ou en prée,
Soit à l'aube du jour,
Ou soit sur la vesprée,
Sans cesse mon cœur sent
Le regret d'un absent.

Si je suis en repos,
Sommeillant sur ma couche,
J'oy qu'il me tient propos,
Je le sens qui me touche.

En labeur, en reçoy,
Toujours est près de moi.

Mets, chanson, ici fin
A si triste complainte,
Dont sera le refrain :
Amour vraye et sans feinte.

Lorsqu'elle quitta la France :

Adieu, plaisant pays de France,
O ma patrie,
La plus chérie,
Qui as nourri ma jeune enfance !
Adieu, France, adieu mes beaux jours;
La nef qui disjoint nos amours
N'a c'y de moi que la moitié :
Une part te reste, elle est tienne;
Je la fie à ton amitié,
Pour que de l'autre il te souvienne.

TESTAMENT DE MARIE STUART.

« Au nom du Père, du Fils et du Saint-Esprit.

« Je Marie, par la grace de Dieu, royne d'Ecosse, douayrière de France, etc., estant preste de mourir, et n'ayant moyen de faire mon testament, j'ay mis ces articles par escrit, lesquelz j'entendz et veulx avoir mesme forçe que si ilz estoient mis en forme.

« Protestant, premier, de mourir en la foy catholique, apostolique, romaine.

« Premier, je veulx qu'il soit fait un service complet pour mon ame à l'esglise Saint-Denis en France, et l'autre à Saint-Pierre de Reims, où tous mes serviteurs se trouveront en la manière qu'il sera ordonné à ceulx à qui j'en donne la charge issi dessoubs nommez.

« Plus, qu'un obït annuel soit fondé pour prier pour mon ame à perpétuité, à lieu et en la maniere qu'il sera advisé le plus commode.

« Pour à quoy fournir, je veulx que mes maysons de Fontayne-Beleau soyent vendues, esperant que au surplus le roy m'aydera, comme par mon memoyre je le requiers.

« Je veulx que ma terre de Trespagon demeure à mon cousin de Guise pour une de ces filles, si elle venoit à être mariée en ces quartiers; je quitteray la moitié des arérages qui me sont dus, ou une partie, à condition que l'autre soit payée, pour estre par mes exécuteurs employée en aumône annuelle.

« Pour à quoy mieulx provoir, les papiers seront rescherchez et délivrez selon l'assination pour en faire la poursuite.

« Je veulx aussi que l'argent qui se retirera de mon procès de Secondat soit distribué comme il s'ensuit.

« Premier, à la descharge du poiement de mes dettes et mandemens si aprez nommez, qui ne seront jà paiez, premier les deux mille equs de Courle, que je veulx lui être paiez sans nulle contradiction, comme estantz en faveur de mariage, sans que nous ou aultre luy en puisse rien demander, quelque obligation qu'il en aye, d'autant qu'elle n'est que feinte, é que l'argent estoit à moy é non emprunté, lequel je ne fis que luy montray, é le despuis retiré et me on pris avesques le reste à Charteley, lequel je lui donne si il le peut recourer, comme il a esté promis, pour poyement des quatre mille franks promis par ma mort, et mille pour marier une siene sœur, et m'ayant demandé le reste pour ses despans en prison; quant à l'assignation de pareille somme à nous, elle n'est pas d'obligation, et pour ce a tousiours esté mon intention que elle fut la derniere payée, et encores en cas qu'il fasse aparoir n'avoir fait contre la condition pour laquelle je les luy avoys donnez, au tesmoignasge de mes serviteurs.

« Pour la partie de douse cens esqus que il ma fait allouer par lui empruntée pour mon service de Beauregard, jusques à six cens esqus, et de Gervays troys cents, et le reste je ne sçays d'où, il faut qu'il les repoye de son argent, et que j'en sois quite é l'assignation cassée, car je n'en ay rien reçeu, mais est le font en ces cofres, si ce n'estoit que ils en soyent payez par de là; comme que ce soit, il faut que cette partie me revienne bonne, n'ayant rien reçeu, et si elle estoit payée, je doibs avoir recours sur son bien; et de plus, je veulx que Pasquier compte des deniers que il a despandus et resceus par le commandement de nous, par les meins des serviteurs de monsieur de Chasteauneuf, l'ambassadeur de France.

« Plus, je veulx que mes comptes soyent ouys, é mon trésorier payé.

« Plus, que les gages et parties de mes gens, tant de l'année passée que de la présente soyent tous payez avant tout autre choze, tant guages que pensions, hormis les pensions de Jean et de Courle, jusques à ce que l'on sasche ce qui en doit advenir é ce que ils auront mérité de moy pour pensions, si ce n'est que la fame de Courle soit en nécessité, ou luy maltraité pour moy; des gasges de Jean de mesme.

« Je veulx que les deux mille quatre cens franks que j'ay donnais à je ne Kenedi luy soyent payez en argent, comme il étoit porté en son premier don; quoy fesant, la pension de William (Guillaume) Douglas me reviendra, laquelle je donne à Fontenaye pour ces services et despens non recompencez.

« Je veulx que les quatre mille esqus de ce banquier soyent solicitez é repoyez, duquel j'ai oublié le nom ; mais l'évesque de Glascow s'en resoviendra assez ; é si l'assignation premiere venoit à manquer, je veulx qu'il leur en soit donnée une sur les premiers deniers de Secondat.

« Les dix mille franks que l'ambassadeur avoit receux pour moy, je veulx qu'ils soyent employez entre mes serviteurs qui s'en vont à présent, à sçavoir :

« Premier, deux mille franks à mon médecin.

« Deux mille franks à Élizabeth Courle.

« Deux mille franks à Bastien Pages.

« Deux mille à Marie Pages, ma filleule.

« Mille à Gourgon.

« Mille à Gervays.

« Plus sur les autres deniers de mon revenu :

« A Beauregard, mille franks.

« A Montbray, mille franks.

« E reste de Secondat et de toutes mes casualitez, je veulx estre employez sinq cens franks à la Miséricorde des enfans de Reins.

« A mes escoliers, deux mille franks.

« Aux quatre mandians, la somme qu'il sera nécessaire.

« A mes exécuteurs, selon les moyens qui ce trouveront.

« Cinq cens franks aux hospitaulx.

« A l'esquier de cuisine, Martin, je donne mille franks.

« Mille franks à Hambel, é le laysse à mon cousin de Guise, son parein, à le mettre en quelque lieu pour sa vie en son service.

« Je laysse sinq cens franks à Nicolas, et sinq sens pour ces filles quand il les marira.

« Je laysse sinq sens franks à Robin Hamilton, et prie mon filtz le prandre, é Monsieur de Glascow faulte de lui, ou l'évesque de Rosse.

« Je laysse à Didier son grefe sous la faveur du roi.

« Je donne sinq sens franks à Jean Laudère, é prie mon cousin de Guise ou d'Humaine le prandre en leur service; é à messieurs de Glascow et de Rosse, qu'ils ayent soin de le voir proveu ; je veulx que son père soit payez de ses gasges, é lui laysse sinq sens franks.

« Je veulx que mille franks soyent payez à Gourgeon, pour argent et autres choses qu'il m'a fournies en ma nécessité.

« Et je veulx qui si Bourgoin accompli le voiage du veu qu'il a fait pour moy à Saint-Nicolas, que quinze sens franks lui soyent délivrez à cet effet; je laysse, selon mon peu de moyen, six mille franks à l'évesque de Glascow, troys mille à celuy de Rosse.

« Et je laysse la donaison des alsualites et droits signeriaux recelez à mon filleul, fils de M. du Ruisseau.

« Je donne troys sens franks à Laurens.

« Plus, troys sens franks à Susane.

« E laysse dix mille franks entre les quatre parties qui ont été respondans pour moy, é au sollicitEur parmy.

« Je veulx que l'argent provenant des meubles que j'ay ordonnez estre vandus à Londres, soit pour defroyer le voiage de mes gens jusques en France.

« Ma cosche, je la laysse pour mener mes filles, é les chevaulx pour les vandre ou autrement en fayre leurs commoditez.

« Il y a environ cent esqus des gasges des années passées deus à Bourgoin, que je veulx lui estre payez.

« Je laysse deux mille franks à Meluin, mon maytre d'hostel.

« Je ordonne, pour principal exécuteur de ma volonté, mon cousin le duc de Guise; et après lui, l'archevesque de Glascow, l'évesque de Rosse, é M. du Ruisseau, mon chancelier.

« J'entends que sans faulte le Préau jouisse de ces deux prébendes.

« Je recommande Marie Pagès, ma filleule, à ma cousine madame de Guise, é la prie de prendre en son service; é ma tante de Saint-Pierre, fayre mettre Monbray en quelque bon lieu, ou la retenir en service, pour l'honneur de Dieu. Fait cejourd'hui 7 feubvrier mil sinq cens octante é sept.

(Signé à l'original) Marie R.

« Mémoyre des dernières requestes que je foys au roi de me faire part, tant de ce qui me doibt de mes pencions, que d'argent advancé par la feu Royne ma mère, en Ecosse, pour le service du roi mon beau père, en ces quartiers; pour le moings tant que un obït soit fondé pour mon ame annuel, é que les aulmônes é petites fondations par moy promises, soyent parfayctes.

« Plus, qu'il luy playse me laysser la jouissance de mon douaire, un an après ma mort, pour recompancer mes serviteurs.

« Plus, si il lui plest laysser les gasges é pensions d'iceulx leur vie durant, comme fut fayct à ces officiers de la royne Alienor.

« Plus, je luy supplie recevoir mon médecin en service, comme il a promis, é l'avoir pour recommandé.

« Plus, que mon aulmônier soit remis à son

état, et, en ma faveur, proveu de quelqne petit bénéfice, pour prier Dieu pour mon ame, le reste de sa vie.

« Plus, que Didier, un vieulx officier de ma bousche; auquel j'ay donné un greffe pour récompense, en puisse jouir sa vie durant, estant jà fort asgé. Fait le matin de ma mort, ce mercredy 18 feubvrier.

(Signé à l'original) MARIE R.

Ce testament, ainsi que le codicile, le premier du 7 février 1587, le second du mercredi au matin, 18 du même mois, écrits l'un et l'autre de la propre main de Marie Stuart, ont été copiés sur les originaux que l'on gardoit au collége des Écossais, à Paris. Ils ne font aucune mention de ce que Roger Tritonio, abbé de Pignerol, raconte dans la vie du cardinal Vincent Lauro. Tritonio dit que ce cardinal reçut, la veille du jour que cette princesse fut décapitée, son testament, par lequel elle ne voulait pas que Jacques, son fils, succédât à ses droits, à moins qu'il n'abjurât l'hérésie de Calvin, et qu'il ne professât la religion romaine; et qu'à défaut de cette condition, elle faisait passer ses droits sur l'Angleterre et sur l'Écosse à Philippe II, roi d'Espagne. Tritonio, après avoir ajouté encore quelques circonstances à l'appui de ce qu'il avance, dit que Lauro remit le testament au comte d'Olivarez, ambassadeur d'Espagne à Londres, pour l'envoyer à Philippe II. Le testament dont Tritonio parle est si différent de celui que l'on donne ici, et dónt l'authenticité est incontestable, qu'on ne peut y ajouter aucune foi.

NOTICE

SUR

MARIE-ANTOINETTE,

REINE DE FRANCE (1).

PORTRAIT PAR SAUVAGE.

BUSTE EN MARBRE BLANC, DE GRANDEUR NATURELLE, ET D'UNE PARFAITE RESSEMBLANCE.

MARIE-ANTOINETTE, archiduchesse d'Autriche, fille de François Ier, empereur d'Allemagne, et

---

(1) Cette notice a été écrite par moi; et en 1809 j'en ai fait imprimer un petit nombre d'exemplaires, telle qu'elle se trouve ici, sauf quelques additions que j'y ai faites depuis.

M. le duc de Levis a publié, en mai 1813, un *Portrait* de la feue reine de France, comme étant tiré des manuscrits de M. Senac de Meilhan. Il ne dit pas comment il a eu ces manuscrits. M. de Meilhan m'avait annoncé que, de la célèbre Marie-Thérèse, naquit à Vienne, le 2 novembre 1755. Le 15 mai 1770, elle épousa Louis-Xavier, dauphin de France, depuis Louis XVI, alors âgé de seize ans. Ce fut le duc de Choiseul qui avait fait proposer ce mariage par

---

par ses dispositions testamentaires, il m'avait légué tous ceux qui lui restaient; pourtant depuis sa mort, je n'en ai reçu aucun.

Dans le portrait de la reine, publié par M. de Levis, il se trouve des passages parfaitement semblables pour la pensée, et même quelquefois pour l'expression, à des passages de la notice que je donne ici, et que j'ai rédigée, pour tout ce qui concerne la reine, d'après des notes et des souvenirs écrits par moi long-temps avant la publication de ce portrait. Je n'accuse pas M. de Levis d'avoir profité de ce que j'ai fait imprimer en 1809; car je ne doute pas qu'en ce cas il n'eût pas manqué d'en faire l'aveu : mais voici comment cela peut s'expliquer. Dans mes conversations avec M. de Meilhan à Vienne, il était quelquefois question de la reine. En supposant que le *portrait* publié par M. de Levis soit l'ouvrage de Meilhan, il est vraisemblable que celui-ci aura fait usage de quelques-unes de mes remarques; comme dans le mien, je puis m'être servi de quelques-unes des siennes. Je me souviens que ce fut lui qui me rappela l'observation du duc d'Étrées au sujet du maréchal d'Ancre, et qui convient si bien à l'infortunée reine. Je n'eus que la peine de la vérifier.

le vicomte de Durfort, créé ensuite duc de Civrac. Louis XVI eut de cette princesse quatre enfans : Marie-Thérèse-Charlotte, née le 19 décembre 1778 (1); Louis-Joseph-Xavier-François, dauphin, né le 21 octobre 1781, et mort à Meudon en juin 1789; Louis-Charles, duc de Normandie, ensuite dauphin, né le 27 mars 1785, et mort au Temple le 9 juin 1795; et la princesse Sophie, née et morte en 1786.

Les traits de la reine, pris séparément, n'offraient rien de remarquable, mais leur réunion avait le plus grand agrément; et cette expression, si souvent prodiguée, *pleine de charmes*, est celle qui lui convenait dans toute son exactitude, et qui peignait le mieux l'ensemble de sa personne. Tout ses mouvemens avaient de la grâce. Son esprit avait peu de brillant, aussi ne montrait-elle aucune pré-

---

(1) Aujourd'hui madame la duchesse d'Angoulême. Détenue au Temple après le 10 août 1792, elle fut remise, sur la demande de son cousin l'empereur d'Allemagne, au prince de Gavre, à Bâle, le 26 décembre 1795, en échange des députés de la convention que le général Dumouriez avait livrés, en 1793, au commandant des armées autrichiennes dans les Pays-Bas. Elle épousa à Mittau, en 1799, son cousin le duc d'Angoulême, fils aîné de M. le comte d'Artois.

tention dans ce genre ; mais elle savait trouver dans l'occasion ce qu'il y avait à dire de plus convenable selon les personnes et les circonstances.

Arrivée en France à quinze ans, elle se trouva livrée à elle-même dans un âge si tendre, au milieu d'une cour étrangère, environnée de toutes les séductions ; est-il étonnant qu'elle ait commis quelques imprudences ? Ces imprudences mêmes, dont on lui a fait des crimes depuis, étaient alors applaudies avec transport par un peuple dont elle était l'idole. Devenue l'objet de l'enthousiasme public, personne ne l'avertissait de ses fautes. La duchesse de Bourgogne, si agréable, si vive, par fois si imprudente, était instruite, guidée, réprimandée même par madame de Maintenon ; ce frein, ces conseils, manquèrent tous à la fois à Marie-Antoinette.

Il faut aussi considérer ce qu'était la cour de Louis XV en 1770, époque du mariage de madame la dauphine. Dans ce temps-là, de grands seigneurs ne rougissaient pas d'être aux pieds d'une courtisanne célèbre, devenue la favorite du monarque (1). Ce fut au milieu de cette cour que

---

(1) Le comte de Mercy, ambassadeur d'Autriche, avait eu occasion de se trouver chez madame Dubarry ; le roi y étant venu, et ayant paru content de converser avec lui,

Marie-Antoinette débuta dans le monde ; jusqu'alors elle n'avait connu que le cercle très-circonscrit dans lequel l'impératrice-reine, Marie-Thérèse, retenait ses enfans. D'ailleurs, les mœurs et les usages de la cour de Vienne différaient essentiellement des mœurs et des usages de Versailles.

Le besoin d'avoir quelqu'un à qui elle pût se communiquer, porta la dauphine, devenue reine,

---

il fut ensuite invité plusieurs fois par elle. Un soir, le roi ayant dit, *Je ne vois pas le comte de Mercy*, c'en fut assez, et depuis il ne vint jamais à Versailles, sans qu'elle le priât; quelquefois même il l'était par des billets d'elle qui lui parvenaient à Paris. Le roi, mécontent de la résistance que madame la Dauphine apportait à recevoir chez elle madame Dubarry, proposa un jour à M. de Mercy de lui en parler. Il répondit : « Si votre Majesté me prescrit ce qu'elle veut que je dise à madame la Dauphine, j'aurai l'honneur de le lui communiquer de sa part. » Le roi, embarassé de cette tournure, répliqua : *Non, non, je ne veux pas que vous lui parliez de ma part.* M. de Mercy évita ainsi cette inconvenante commission. Je tiens ce fait de lui-même.

Louis XV se plaignait au feu maréchal de Noailles des bruits qu'on répandait dans le monde sur madame Dubarry, en disant que c'étaient des mensonges; qu'elle n'avait jamais connu que Saint-Foix à qui il avait succédé. « Oui, Sire, répondit le maréchal, comme votre Majesté a succédé à Pharamond » à rechercher successivement l'amitié de plusieurs femmes. Elle se lia d'abord avec la princesse de Lamballe, ensuite avec la comtesse Arthur Dillon, femme estimable, qui fut enlevée aux regrets de tous ceux qui ont eu l'avantage de la connaître, par une maladie de poitrine; enfin, avec la comtesse Jules de Polignac, dont la figure douce et agréable annonçait la candeur et la bonté. La reine fut séduite par les charmes d'une société intime qui se forma chez madame de Polignac, où régnait un ton de confiance et de liberté inconnu dans les grands appartemens. « *Là, disait-elle, je suis moi* », comparant la vie qu'elle y menait à la gêne de la représentation; mais cette gène était inséparable de sa haute position, et, en s'en affranchissant, cette princesse éloigna de sa personne les grandes familles du royaume, auxquelles elle ne témoignait pas assez d'égards.

La reine, dans son intérieur, montrait un caractère de bienveillance très-rare même parmi les simples particuliers. Beaucoup de traits de franchise et de bonté, qu'on pourrait citer, auraient répandu de l'intérêt sur la vie de cette princesse, si elle avait eu une carrière ordinaire à parcourir; mais il est impossible de s'arrêter long-temps sur des faits particuliers, quand les terribles catastrophes qui ont rempli les dernières années de sa vie appellent si fortement l'attention sur cette époque, qui appartient à l'histoire.

Ce fut en 1789 qu'éclata cette grande commotion qui, bientôt après, renversa le trône et l'autel. Le caractère de la reine s'éleva à mesure que sa position devint plus dangereuse et plus critique : elle se trouva toujours de niveau avec les circonstances, et on ne voit plus alors que de la magnanimité dans sa conduite. Dans la soirée du 5 octobre 1789, on la vit écouter, avec le plus grand calme, les avis qu'on apportait à chaque instant de la prochaine arrivée des révolutionnaires, et de leurs intentions sanguinaires. Le roi lui ayant fait proposer de se retirer à Rambouillet : « Dites au roi, » répondit-elle à la personne qui était venue de sa part, « que je ne me dissimule pas le péril où nous « sommes, mais que je n'en suis pas intimidée ; que « ma place est auprès de sa personne, et que rien « ne pourra me déterminer à le quitter, surtout « dans ce moment dangereux. » Dans la trop fameuse journée du lendemain (6 octobre), des assassins pénétrèrent à la pointe du jour dans son appartement, à Versailles, après avoir massacré les gardes-du-corps, qui, en se sacrifiant pour en défendre l'entrée, lui donnèrent le temps de se réfugier chez le roi. Ses ennemis, enragés de la voir échappée, excitèrent bientôt la multitude rassemblée sous les fenêtres, à crier *qu'elle se montrât.* Elle parut sur le balcon avec ses enfans. Aux cris de *point d'enfans, la reine seule*, elle fit rentrer ses enfans, et se présenta seule à ce peuple, que cet acte de courage étonna, et dont il suspendit la fureur. Dans la même journée, traînée à Paris avec le roi, elle eut à supporter, pendant six heures que dura la marche, le spectacle le plus épouvantable. Des femmes ivres de vin et de rage faisaient retentir l'air de leurs horribles hurlemens et des plus grossières insultes. Cet affreux appareil avait été précédé par des assassins, portant au bout de leurs piques les têtes des gardes-du-corps qui avaient été massacrés à Versailles. Quelques jours après, le tribunal du châtelet voulant instruire une procédure contre les auteurs des meurtres, envoya une députation pour demander à la reine des renseignemens sur les attentats dont elle avait failli être victime.. Elle répondit aux commissaires : « Messieurs, pour ce qui me regarde, j'ai tout vu, « tout entendu, et tout oublié. »

On l'avertit, le 8 octobre, qu'il existait encore un complot contre sa vie. Dans la soirée, elle raconta ce qu'elle avait appris, à une dame qui était auprès d'elle, en ajoutant : « J'ai ordonné qu'au

« premier bruit qu'on entendra, l'on porte mes « enfans entre les bras du roi. »

Les députés de Saint-Domingue, dans une audience qu'ils eurent aux Tuileries, lui disaient, à l'occasion de l'insurrection des nègres et du massacre des colons, et dans un temps où l'expression de leurs sentimens de respect pouvait avoir, pour eux, les conséquences les plus funestes : « Nous venons pour apprendre de vous, Madame, à nous armer de ce courage, et à ne point perdre cette tranquillité d'esprit dont nous avons tant de besoin dans les malheureuses circonstances où nous nous trouvons. »

Le roi ayant pris la résolution de se retirer de Paris, dans la nuit du 20 au 21 juin 1791, la famille royale quitta le château des Tuileries pour gagner Montmédi. Le plan de leur fuite ayant été arrêté, le roi confia le soin d'en assurer l'exécution, depuis la frontière de l'ancienne province des Trois-Évêchés, au marquis de Bouillé, commandant de l'armée de l'Est.

On avait fait faire une berline très-solide, qui fut placée chez moi, rue de Clichy, plusieurs jours avant le départ; on avait achetéde forts chevaux pour être attelés à cette voiture, dans laquelle devaient entrer leurs majestés, M. le dauphin, madame royale, madame Elisabeth, sœur du roi, et un officier de confiance. Il avait été question du baron de Viomenil, officier-général plein de zèle et de talent, et d'un caractère décidé ; mais ayant été résolu ensuite d'emmener madame la comtesse de Tourzel, qui avait succédé à la duchesse de Polignac, comme gouvernante des enfans de France, il ne se trouva plus de place dans la voiture pour M. de Viomenil. Ce fut un grand malheur ; car je ne doute pas qu'il n'eût trouvé dans son esprit, comme dans son courage, les moyens de vaincre les difficultés qui se présentèrent.

On choisit, pour accompagner leurs majestés, trois gardes du corps de confiance, dont deux devaient être placés sur le siége de la voiture, et l'autre servir de courrier.

Le soin de tirer la famille royale du château des Tuileries fut confié à M. le comte de Fersen, colonel du régiment Royal-Suédois. Il s'était concerté, pour les passe-ports, avec madame de Korff, dame allemande, qui se trouvait à Paris, et qu'il connaissait ; ils furent demandés et obtenus au nom de cette dame et de sa famille. Dans la nuit du 20 au 21 juin 1791, tout fut prêt pour le départ. Vers les dix heures du soir, on vint chez moi avec les chevaux, chercher la voiture ; et après qu'on y eut renfermé tout ce qui était nécessaire pour le voyage, on la mena hors de la barrière pour y attendre leurs majestés. La famille royale soupa et se retira à l'ordinaire. Entre dix et onze heures, M. de Fersen, déguisé en cocher, amena dans la cour des princes une voiture qui ressemblait à un carrosse de louage. Madame de Tourzel sortit bientôt avec le dauphin et madame royale. M. de Fersen, qui était descendu du siége pour les aider à entrer dans la voiture, m'a dit que madame royale versait un torrent de larmes, comme si elle eût pressenti les malheurs qui menaçaient toute son auguste famille. Lorsqu'ils furent montés, il les conduisit au petit carrousel, et s'arrêta devant l'hôtel précédemment occupé par la dernière duchesse de la Vallière. Cette maison fut choisie de préférence, parce qu'elle étoit près du château, et que, n'ayant qu'une très-petite cour, on voyait ordinairement des carrosses arrêtés devant la porte. Madame Élisabeth arriva la première, et fut suivie peu après du roi; il était enveloppé dans une redingote, et avait la tête couverte d'une perruque et d'un chapeau rond. Après avoir attendu quelque temps la reine, il s'impatienta, craignant qu'il ne lui fût arrivé quelque accident; il voulait retourner pour la chercher, et on eut beaucoup de peine à le retenir. La reine arriva enfin. En ouvrant la porte de son appartement, elle avait aperçu une sentinelle qu'elle ne s'attendait pas à trouver là. Elle s'arrêta un instant pour l'observer. Le soldat se promenait; et, profitant du moment où il tournait le dos, elle descendit l'escalier sans être aperçue. Toute la famille royale étant montée dans le carrosse, M. de Fersen la mena jusqu'à la berline de voyage; et, à quelque distance de celle-ci, la première voiture fut abandonnée. Les chevaux de poste étaient commandés à Bondi. On sait le reste. A peu près à la même heure, *Monsieur* (1) et *Madame* partirent du palais du Luxembourg; ils arrivèrent sans aucun accident à Bruxelles, que M. de Fersen gagna lui-même à cheval. Ces détails m'ont été donnés par lui. Si leurs majestés avaient pris la route des Pays-Bas, il est plus que probable qu'elles n'eussent rencontré aucune difficulté. On a prétendu que des gens qui, alors figuraient dans le parti révolutionnaire, avaient été instruits du projet du départ, et l'avaient laissé exécuter pour avoir l'occasion d'arrêter et de ramener à Paris leurs majestés. Je n'en crois rien : ils ne les auraient pas laissées aller si loin; car il est certain qu'avec un peu de conduite et de résolution, on aurait surmonté tous les obstacles qui se sont présentés à Varennes. On ne peut donc admettre la supposition que ces personnes en étaient instruites,

(1) Aujourd'hui Louis XVIII.

qu'en leur supposant en même temps l'intention de forcer le roi à sortir du royaume, pour avoir le prétexte de déclarer le trône vacant; mais il me semble que, dans ce cas, elles auraient pris plus de précautions pour aplanir les difficultés, et surtout pour empêcher qu'on n'arrêtât le roi à Varennes.

Pendant que cela se passait, j'étais en Angleterre; mais le hasard fit qu'ayant quitté Londres, j'arrivai à Bruxelles presque le jour même que le roi et la reine partaient de Paris. La nouvelle nous en fut apportée par ceux qui étaient partis en même temps que leurs majestés; et bientôt après nous apprîmes leur arrestation à Varennes. Quand on les ramena à Paris, deux cochers à mon service, que j'avais laissés dans ma maison, étaient accourus avec la foule pour voir ce triste spectacle. L'un d'eux apercevant la voiture, s'écria étourdiment que c'était celle qui avait été déposée chez moi. Aussitôt la multitude cria qu'il fallait démolir ou brûler ma maison; et déjà la populace s'y disposait, lorsque l'autre cocher, brave homme, nommé Joungman, nia le fait, en ajoutant que la maison n'était pas à moi, mais à M. Rouillé d'Orfeuil, citoyen français. Elle fut ainsi préservée du pillage; mais ce ne fut que pour être ensuite pillée plus méthodiquement par ordre et pour le compte du gouvernement révolutionnaire.

Au commencement du mois d'août 1791, je retournai en Angleterre; M. le comte de Mercy y arriva le 18 du même mois : nous eûmes plusieurs entretiens sur la possibilité et les moyens de délivrer le roi et sa famille de leur position. M. Barthelemy, alors ministre plénipotentiaire en Angleterre pour Louis XVI, et qui prenait un vif intérêt à son sort, désirait ardemment de faire réussir ce dessein. De la manière dont M. Pitt s'était expliqué, il paraissait que le ministère anglais ne refuserait pas d'y concourir, mais en évitant tout éclat, tout ce qui pouvait exposer l'Angleterre à être entraînée dans une guerre avec la France (1).

---

(1) En 1791, je passai par Aix-la-Chapelle où se trouvaient alors le roi de Suède avec le comte de Taub, son ministre des affaires étrangères, le comte de Fersen et le marquis de Bouillé. Le roi me fit part du projet concerté entre l'impératrice de Russie et lui, d'une descente en Normandie pour soutenir le parti royaliste. L'expédition devait être composée de vaisseaux et de troupes russes et suédois, et commandée par Gustave en personne, ayant M. de Bouillé sous ses ordres. Étant sur mon départ pour l'Angleterre, il me dit qu'il désirait que je me chargeasse d'une lettre pour le roi, où il l'instruisait du projet en l'engageant d'y coopérer. Dès que je fus arrivé à Londres, je me rendis chez M. Pitt. Il me demanda si j'avois une copie de la lettre; je lui répondis que non, mais que le

En décembre 1791, après une absence de plusieurs mois, je revins à Paris, où je restai jusqu'au

---

roi de Suède me l'ayant lue, je croyois pouvoir lui en rendre assez exactement le contenu. Après quelques observations, il exprima des doutes sur le succès de l'entreprise; il me dit que l'intervention des puissances étrangères, à main armée, servirait plus vraisemblablement à réunir les Français et à les animer encore davantage contre la famille royale, qu'à servir sa cause; qu'il souhaitait sincèrement que le roi rentrât dans ses justes pouvoirs, ce qui lui paraissait indispensable, non-seulement pour arrêter les désordres qui se commettaient en France, mais pour la tranquillité de l'Europe entière; qu'il désirait que l'Angleterre y contribuât autant qu'elle le pourrait, tout en évitant des actes hostiles; que, sortie seulement depuis peu d'années d'une guerre malheureuse qui avait augmenté considérablement sa dette, la prudence exigeait qu'elle conservât son état de paix aussi long-temps que les circonstances le permettraient. Il finit par me dire de remettre la lettre au ministre des affaires étrangères, milord Grenville; ce que je fis.

Le projet formé entre le roi de Suède et l'impératrice de Russie, date de la signature de la paix qu'ils firent en août 1790. Ce qui était arrivé en France, et l'envie qu'avait l'infortuné Gustave d'agir pour la délivrance de la famille royale, avaient contribué pour beaucoup à lui faire désirer la paix avec l'impératrice; et il est vraisemblable que Catherine qui savait ces dispositions, en profita; mais le crime atroce, qui enleva ce prince au monde milieu d'avril 1792 (1). Le lendemain de mon arrivée, la reine recevant les étrangers, j'allai lui faire ma cour aux Tuileries. Le jour suivant, M. de Goguelas, officier de l'état major, et secrétaire privé de la reine (2), vint me dire que sa majesté désirait me voir. A six heures du soir, nous mîmes pied à terre au Carrouzel, traversâmes la cour des Tuileries, et entrâmes par une porte du château qui conduisait aux appartemens de la reine. Madame Thibaut, l'une de ses femmes, fidèle et fort

---

le 29 mars 1792, fit avorter tout ce qu'il avait projeté.

Dans la conversation que j'eus avec M. Pitt au sujet de la lettre du roi de Suède, j'admirai, et je fus flatté de la manière simple, franche et sans ambiguité dont il me parla. Le propre des hommes supérieurs est, ou de ne point s'expliquer, ou de parler ainsi. Il n'y a que les hommes médiocres qui affectent une importance et une réserve superflues, ou les hommes astucieux qui recherchent les expressions vagues, pour pouvoir ensuite les expliquer suivant ce qui leur convient dans le moment.

(1) Je ne revis la France qu'au traité d'Amiens en 1802, et j'y fus détenu comme prisonnier de guerre jusqu'aux événemens de 1814, auxquels je dois ma liberté.

(2) Depuis général au service d'Autriche : aujourd'hui lieutenant général au service de France.

attachée à sa majesté (1), me mena chez elle. Je l'ai vue souvent, et de la même manière, jusqu'à mon départ de Paris. Quelquefois, et peu après m'avoir parlé de choses qui ne pouvaient que l'intéresser vivement, je la retrouvais chez madame la princesse de Lamballe, qui demeurait au château, au pavillon de Flore : sa physionomie, son ton, son maintien, tout était calme; rien ne se ressentait des sombres pensées dont elle venait de m'entretenir.

A la suite d'une conversation que j'eus avec la reine, elle me dit que le roi désirait envoyer quelqu'un auprès de l'empereur (2), et auprès de l'impératrice Catherine, pour les éclairer sur le véritable état des choses, et les instruire exactement de sa position; mais qu'il fallait que ce fût quelqu'un qu'on pût regarder comme impartial, et qui, à ce titre, sût se faire écouter. Elle me demanda si je ne connaissais personne qui pût remplir la mission dont elle venait de parler. Après quelques observations à ce sujet, je lui dis que j'avais pensé à quelqu'un qui m'y paraissait très-propre, et je lui nommai M. de Simolin, ministre de Russie. Elle pensait de même, mais elle dit qu'elle n'osait la lui

---

(1) Elle fut enfermée au temple avec la reine le 13 août 1792. J'ignore ce qu'elle est devenue.

(2) Léopold II, frère de la reine.

proposer ; que, dans les circonstances malheureuses où le roi et elle se trouvaient, il serait pénible pour lui de s'y refuser ; et qu'il était très-possible qu'il n'eût pas la faculté d'acquiescer à leur demande. Je proposai à sa majesté de le sonder à cet égard ; elle y consentit, et j'en parlai à Simolin. Il répondit que, quoique rien ne l'autorisât à se charger d'une semblable commission, il connaissait trop la magnanimité de l'impératrice, pour craindre de l'accepter. Deux jours après, il eut un long entretien avec le roi. En me racontant ce qui s'y était passé, et en faisant un grand éloge de la justesse d'esprit, de la sagesse et du savoir que sa majesté avait montrés dans cet entretien, il me dit : « *Mais il est trop bon pour les circonstances où il se trouve, et pour ceux avec qui il a à faire.* » En effet, cette bonté portée à l'extrême devint fatale au roi, et funeste à son pays. Lorsqu'un prince qui prend pour base de sa conduite la raison et la justice, dit, dans un moment de discorde intestine, *Je vaincrai mes ennemis, ou je périrai*, il doit toujours triompher. Le matin du 10 août, Louis XVI était encore en mesure de réparer ses malheurs. Henri IV, loin de réclamer la protection de l'assemblée législative, s'en fût rendu maître ; et personne, je crois, ne doute aujourd'hui que Louis XVI, à la tête de tous ceux qui voulaient le défendre dans cette journée, n'eût pu dominer cette assemblée et Paris ; et il est présumable qu'ayant réussi, son parti se serait fortifié à chaque instant (1).

---

(1) M. de Simolin jouissait de la confiance de l'impératrice Catherine, et il la méritait. J'ai connu peu d'hommes dans la carrière diplomatique, qui tinssent une marche plus régulière, plus sûre, ou qui eussent un tact plus juste que lui. Il n'avait pas ce que les Français entendent généralement par *de l'esprit;* mais beaucoup de sens, et un jugement sain, exempt de préjugés. Il partit de Paris en février 1792. Arrivé à Vienne, il eut avec l'empereur Léopold plusieurs entretiens, le dernier le jour même où ce prince fut attaqué de la maladie dont il mourut (1er mars 1792). Simolin reçut à Vienne l'ordre de se rendre à Saint-Pétersbourg. L'impératrice l'accueillit de la manière la plus gracieuse, l'interrogea avec intérêt sur l'état des choses en France ; mais elle borna à des assurances générales de ses bonnes dispositions sa réponse aux lettres que le roi et la reine lui avaient écrites. Après un court séjour à Saint-Pétersbourg, Simolin fut renvoyé avec le même caractère qu'il avait auparavant auprès du roi de France, mais avec l'autorisation de choisir le lieu de sa résidence d'après les circonstances. Il vint à Bruxelles, et la famille royale étant déjà renfermée au temple, il ne rentra plus en France. Il alla dans la suite à Vienne, où je me trouvais, et, cassé par l'âge et les infirmités, il y mourut en 1800. Je crains même que le voyage qu'il avait

Au commencement de 1792, autant que je m'en souviens, vers la fin du mois de janvier, sa majesté me manda de venir la trouver. Elle paraissait fortement affectée, me fit asseoir, et, après un moment de silence, me dit : « Vous savez que le parti jacobin désire de me voir séparée du roi ; ils ont résolu de me faire arrêter ! j'ai été instruite ce matin que ce projet sera proposé ce soir à l'assemblée, et que le discours qui doit être prononcé à cette occasion par Condorcet, a été lu hier dans le comité secret des jacobins. Si cette mesure est adoptée, comme je n'en puis douter, elle sera promptement exécutée. J'ai passé une partie de la journée à examiner mes papiers, pour m'assurer de n'y rien laisser qui puisse compromettre personne. Ensuite j'ai prié ma sœur (1) de passer chez moi, pour lui recommander mes enfans, et pour lui faire promettre de rester auprès d'eux et auprès du roi (2). Elle fut tellement agitée, qu'elle se trouva mal. La scène était au-dessus de mes forces. . . . . » En prononçant ces derniers mots, elle laissa couler quelques

---

entrepris à mes instances, en hiver et dans des climats aussi rudes, n'ait nui à sa santé et abrégé ses jours.

(1) Madame Élisabeth, sœur de Louis XVI.

(2) Madame Élisabeth avait eu un moment le désir d'aller joindre les princes ses frères.

larmes, les seules que je lui aie vu verser. Elle me remit un paquet contenant des papiers qu'elle désirait qui fussent conservés, et que je lui rendis dans la suite. Comme on n'a pas parlé du projet des jacobins, de faire renfermer la reine, je doute que les meneurs de cette faction s'en soient occupés aussi sérieusement que cette princesse paraissait le croire. Des intrigans, qui cherchaient à se faire valoir, lui donnaient souvent des avis aussi faux qu'alarmans; mais il paraît que, vers la fin de mai 1792, les ministres Servan et Rolland, croyant que la reine, par la défiance qu'elle inspirait au parti révolutionnaire, pouvait nuire aux intérêts du roi, proposèrent de la faire retirer dans un État neutre, jusqu'à ce que la tranquillité fût rétablie; et qu'ils prirent même la précaution d'agir auprès des membres influans du parti de la Gironde, alors très-puissant, pour qu'on n'apportât pas d'empêchement à sa retraite.

La reine ne croyait pas que les jacobins osassent jamais attenter aux jours du roi; elle disait souvent que le gros de la nation ne souffrirait jamais qu'on fît violence à sa personne; mais elle paraissait intimement persuadée qu'elle-même serait victime de la haine de ce parti.

Un jour, sa majesté me montra une lettre qu'elle venait de recevoir de son neveu l'empereur François II, pour lui annoncer son avénement au trône, et dans laquelle il exprimait le vif intérêt qu'il prenait à sa position. Comme je lui témoignais combien cette lettre devait être consolante pour elle, elle me dit : « Mon neveu ne pouvait pas m'écrire autrement, mais cela ne veut rien dire. Je ne l'ai jamais vu ; à peine même ai-je connu son père. C'est mon frère Joseph qui était véritablement mon ami ; il m'aimait tendrement. Sa mort a été un grand malheur pour moi et pour son pays. Il avait les meilleures intentions. » Elle me parla de la lettre d'adieu qu'il lui avait écrite peu de jours avant sa mort, et dont elle paraissait encore sensiblement affectée. Elle parut ensuite s'attendrir aux souvenirs de sa jeunesse, en me parlant de sa mère, et des personnes qu'elle avait connues à Vienne. Elle me parla aussi avec une grande estime du comte de Mercy (1), en me chargeant de l'assurer de son *amitié*. « J'avais quelquefois de l'humeur contre lui, me dit-elle; mais je regrette aujourd'hui de n'avoir pas toujours écouté ses conseils. »

Peu de jours avant mon départ de Paris, la reine, remarquant une pierre gravée que j'avais au doigt, me demanda si j'y étais attaché. Je lui répondis

---

(1) Le même dont il est parlé au commencement de cette Notice.

que non, que je l'avais achetée à Rome. « Dans ce cas, je vous la demande; j'aurai peut-être besoin de vous écrire, et s'il arrivait que je crusse ne pas devoir le faire de ma main, le cachet vous servira d'indication. » Cette pierre représentait une aigle portant dans son bec une couronne d'olivier. Sur quelques mots que ce symbole me suggéra, elle secoua la tête en disant : « Je ne me fais pas illusion, il n'y a plus de bonheur pour moi.... » Et après un moment de silence : « Le seul espoir qui me reste, c'est que mon fils pourra un jour être heureux; car le roi a été trop avili pour qu'il puisse jamais bien gouverner la nation. » Trois jours avant la trop fameuse journée du 10 août, M. de Goguelas dont j'ai parlé, se trouvant auprès de sa majesté, elle lui donna cette bague en disant : « Si vous voyez jamais M. Craufurd, vous la lui remettrez de ma part. » Son intention a été remplie; M. de Goguelas me l'ayant remise à Vienne (1).

---

(1) J'ai perdu cette bague avec d'autres effets qui me furent pris dans la nuit du 19 mars 1811, lorsque des voleurs, ayant forcé l'une des croisées de mon appartement, pendant que ma femme et moi soupions en ville, s'y introduisirent, emportèrent mon secrétaire dans le jardin, l'y brisèrent, et enlevèrent tout ce qu'il contenait. M. de Talleyrand, apprenant le matin ce qui m'était arrivé,

Après mon départ de France, je ne reçus

---

vint aussitôt chez moi; il crut d'abord que la police n'y était pas étrangère, en supposant que le secrétaire renfermait des papiers dont on avait voulu s'assurer. Mais, depuis, quelques-uns des voleurs ayant été pris, jugés et envoyés aux galères, il me paraît que ce soupçon se trouve détruit. Au reste, malgré l'arrestation des voleurs, je n'ai jamais rien recouvré de ce qui m'a été pris. Outre les valeurs réelles, il y avait beaucoup d'objets rares et curieux. Il y avait aussi des lettres et des souvenirs que je conservais avec soin, et dont la perte sera toujours pour moi un sujet de regret.

Ayant parlé de M. de Talleyrand, je dirai ici que lorsque, en 1803, tous les Anglais qui se trouvaient sur le territoire français, furent détenus comme prisonniers de guerre, et dirigés sur différens dépôts éloignés, M. de Talleyrand, alors ministre des affaires étrangères et jouissant d'un grand crédit, de son propre mouvement me procura, ainsi qu'à un ou deux autres de mes compatriotes, la permission de rester à Paris; et, quand dans la suite, et malgré cette autorisation, je reçus à deux différentes reprises l'ordre d'en partir sous vingt-quatre heures, et de me rendre une fois à Verdun, l'autre à Valenciennes, ce fut encore lui qui obtint que cet ordre fût revoqué. Il insista même pour que je continuasse de venir habituellement chez lui comme auparavant, et c'est presque la seule maison de personnes en place où je sois jamais entré pendant les douze années que dura ma détention.

Mais à propos des ordres de quitter Paris, je rapporterai

qu'une lettre portant l'empreinte de ce cachet,

à cet égard une circonstance qui pourrait faire croire que Napoléon n'était pas absolument étranger à de certains épanchemens de cœur, quoique sa conduite, en général, envers les individus ait fait penser qu'elle fut toujours l'effet d'un calcul fondé sur un objet ou sur une vue quelconque, sans qu'il y entrât aucun sentiment de haine ou d'affection. Peu de temps après sa séparation d'avec l'impératrice Joséphine, celle-ci me fit dire par une de ses dames, madame la comtesse d'Audenarde, qu'elle serait bien aise de me voir; et, que n'étant plus, elle, qu'une simple particulière, étrangère à toute affaire, elle ne croyait pas qu'il y eût aucun inconvénient pour moi à venir chez elle. Je me rendis à la *Malmaison*, et nous y dînâmes ensuite, ma femme et moi, tous les lundi par convention. J'y allais aussi quelquefois dans le courant de la semaine, et cela dura jusqu'à sa mort. Outre les autres dames à demeure chez elle, il y avait trois demoiselles dont les familles avaient perdu leur fortune à la révolution; l'une, nommée de Caumont, demoiselle de condition, possédait un talent rare sur le piano; les deux autres nommées Ellieu, qui étaient sœurs, avaient de très-belles voix. Pour les perfectionner, elle leur faisait donner des leçons par Crescentini et par le compositeur Paër. Elle avait souvent de la musique chez elle; et sa maison, en tout, était fort agréable. Elle était bienfaisante, douce, sensée, et se conduisait, à l'époque dont je parle, avec beaucoup de mesure et de prudence. — Elle me raconta que Napoléon, étant un jour venu la voir, quelque temps après leur séparation, et s'étant proet qui me fut apportée par M. le baron de

---

mené avec elle dans le jardin, il lui dit, en remarquant des arbustes qu'ils avaient plantés ensemble, que jamais depuis, il n'avait été aussi heureux; que, rentré dans la maison, et voyant sur sa table un livre, il l'ouvrit en lui demandant ce que c'était? — Elle répondit que c'était un ouvrage de M. Craufurd, dont il n'avait fait imprimer qu'un très-petit nombre d'exemplaires. C'étaient les Essais sur la Littérature française. — Vous le voyez donc, lui dit-il? — Oui, souvent. — Il lui demanda le livre, et le fit mettre dans sa voiture. Peu de temps avant son départ pour l'expédition de Russie, je reçus pour la troisième fois l'ordre de quitter Paris. M. de Talleyrand, qui n'était plus en faveur alors, parla de cet ordre au duc de Rovigo, ministre de la police, qui l'ignorait, et dit qu'il allait à Saint-Cloud, et que lorsque le travail qu'il avait à faire avec l'empereur, serait fini, il prendrait occasion de lui en parler. Dans la journée même, et pendant que je faisais mes préparatifs de départ, on m'annonça un gendarme qui demandait à me parler. Je crus qu'il venait s'assurer si l'ordre était exécuté. Je le fis entrer. Il me remit une lettre du duc de Rovigo, datée de Saint-Cloud, portant qu'ayant communiqué à l'empereur l'ordre que j'avais reçu de quitter Paris pour me rendre à Valenciennes, il s'empressait de me faire savoir de la part de sa majesté, que ce ne pouvait être que par erreur que mon nom avait été inséré parmi ceux de certains étrangers qui devaient quitter la capitale, et qu'il regretait les désagrémens que cette méprise avait dû m'occasioner. J'interprétai naturellement

Beaumont, à qui elle avait été remise par

---

cette attention extraordinaire de la part de Napoléon, comme une marque d'égards pour madame Joséphine. On m'a dit que, lorsque à l'île d'Elbe il apprit sa mort, il en avait paru fort affecté.

Personne ne le connaissait mieux qu'elle. A la fin du mois de mars 1814, et lorsque les alliés marchaient sur Paris, je lui demandai ce qu'elle croyait qu'il ferait? S'il n'essaierait pas un de ces coups hardis et désespérés qui lui avaient quelquefois réussi pour se tirer de sa position, et dans le cas de non-succès, s'il ne mettrait pas lui-même fin à ses jours plutôt que de se soumettre à ses ennemis? — Elle me répondit : *Pour cela non; il aime la vie: ce n'est pas que je veuille dire qu'aucun danger puisse l'effrayer; mais il aime la vie, parce qu'il veut aller dans l'avenir*. Le jour qui suivit l'acceptation du traité par lequel il abdiquait sa couronne, j'étais chez elle. Le prince de Wagram (maréchal Berthier) arriva, étant revenu de Fontainebleau; et elle se retira avec lui dans une autre pièce. Le maréchal étant parti, elle me répéta le récit qu'il lui avait fait de cet événement; après quoi elle me demanda si je me rappelais la question que je lui avais faite. Je lui répondis que j'y pensais dans le moment même. *Hé bien*, me dit-elle, *vous voyez que j'avais raison. Il vous paraîtra extraordinaire, mais il est superstitieux : il peut imaginer, prévoir des revers, s'y soumettre pour le moment, mais l'espoir de les surmonter ensuite, ne l'abandonne pas*. Il y a beaucoup de preuves de sa superstition. M. de Talleyrand m'a raconté que, lorsqu'il étoit avec lui en Pologne, peu de madame la princesse de Tarente (1).

Le 14 avril 1792, j'allai le soir prendre congé de la reine. Elle me reçut dans son cabinet à l'en-

---

temps avant la bataille de Friedland, l'armée étant alors dans une position inquiétante et embarrassée pour ses vivres, il lui dit un soir : *C'est fâcheux, mais nous en sortirons. Il y a un endroit du ciel connu de moi seul; et, qu'avant de commencer une entreprise, ou dans les cas menaçans, je regarde; et si j'y aperçois une certaine clarté tout-à-fait distincte de ce qu'on voit ailleurs, je me trouve entièrement rassuré.* Soupçonnant, à l'air de M. de Talleyrand, qu'il doutait qu'il parlât sérieusement, il lui demanda s'il ne le croyait pas, en ajoutant que, sur sa parole d'honneur, ce qu'il venait de lui dire était de la plus exacte vérité. Cependant, avec une personne de sa trempe, il est à douter s'il ne parlait pas ainsi à dessein, afin que ce qu'il disait fût répandu parmi les soldats et le peuple. N'a-t-on pas entendu ce peuple dire, lorsqu'il faisait mauvais temps la veille d'un jour où l'empereur devait paraître en public, soit pour une revue, soit pour quelque cérémonie : Eh mais, nous aurons du beau temps demain! S'il soupçonnait même que M. de Talleyrand et d'autres pussent rire intérieurement, il savait aussi que la multitude y croirait; et c'était ce qu'il voulait.

(1) Devenue ensuite duchesse de la Tremouille par la mort de son beau-père. Elle resta toujours auprès de la reine, et lui fut sincèrement dévouée. Elle émigra en Angleterre, ensuite passa en Russie, et mourut à Saint-Pétersbourg.

tresol. Vers neuf heures, je la quittai. Elle me fit sortir par une pièce étroite où il y avait des livres, et qui conduisait à un corridor fort peu éclairé. Elle m'ouvrit elle-même la porte, s'arrêta encore pour me parler; mais, entendant quelqu'un marcher dans le corridor, elle me pria de me retirer, et ferma la porte. Il était tout simple, dans les circonstances où elle se trouvait, que je fusse frappé de l'idée que je la voyais pour la dernière fois, et cette sombre pensée me rendit un moment immobile. Tiré de ma stupeur par l'approche de celui qui marchait, je quittai le château, et retournai chez moi. Dans l'obscurité de la nuit, au milieu d'idées confuses, son aspect, ses derniers regards en la quittant, se présentèrent sans cesse à mon imagination, et s'y présentent encore.

Le 20 juin de la même année, une populace armée força le château des Tuileries, avec le dessein évident d'égorger la famille royale, qui, dans cette occasion, ne dut son salut qu'à la bravoure et à la loyauté de quelques gardes nationaux. La reine, sans laisser échapper le moindre symptôme de crainte, resta avec ses enfans en présence de cette multitude effrénée, qui afflua dans toutes les salles du palais. Le 10 août, elle montra le même courage. Renfermée au Temple, elle y déploya toute la force de son caractère; calme, resignée, elle cherchait à inspirer les mêmes sentimens à ceux qui l'entouraient.

On a répandu qu'à Varennes le roi avait montré de la timidité ; d'après ce que j'ai su de la reine et d'autres, je crois cette assertion fausse. Un grand nombre de circonstances prouvent incontestablement qu'il avait du courage personnel ; mais c'était un courage passif et non d'action. Lorsque, dans cette même journée du 20 juin 1792, un grenadier de la garde nationale, s'approchant de sa personne, lui dit, « Ne craignez rien, sire, nous vous « défendrons, » il lui saisit le bras, en lui disant : « Mettez la main sur mon cœur, mon ami, et vous « sentirez qu'il bat aussi tranquillement que le « vôtre. » S'il montra de l'inquiétude ou des craintes à Varennes, ce n'était sûrement pas pour lui-même, mais pour ceux qui se trouvaient avec lui. Il connaissait parfaitement tous les dangers de sa position, et n'en était pas abattu. Au commencement de 1792, il disait : *Si seulement ma famille était en sûreté!* Qu'on lise les détails de sa condamnation et de sa mort, jamais martyr n'a montré plus de calme, plus de résignation, plus de courage que Louis XVI, dans cette épouvantable catastrophe.

Après la mort du roi, la reine ne fit d'autre demande pour elle-même que celle d'habits de deuil, qu'elle voulait porter, disait-elle, jusqu'à la fin de ses jours.

On ne peut se lasser d'admirer dans cette princesse l'attachement sans bornes qu'elle montra pour ses enfans. Restée avec eux au Temple, un membre de la commune de Paris, touché de l'excès de ses malheurs, mu seulement par ce que lui dictait son cœur, et sans que la reine lui eût fait la moindre demande, lui offrit de la tirer de sa prison, et de la faire conduire dans les pays étrangers. Après s'être convaincue de sa sincérité, elle le renvoya à un officier de confiance qui était alors à Paris (1), pour le consulter. Tout était disposé pour son évasion; elle était même assurée du succès, pourvu qu'elle consentît à laisser ses enfans : mais elle s'y refusa, en disant qu'elle ne pouvait se résoudre à les abandonner. En mars et en avril 1792, j'eus les moyens et la certitude de pouvoir la conduire à Bruxelles; mais elle disait toujours qu'elle ne se séparerait jamais du roi ni de ses enfans. L'histoire ne présente point d'exemple d'un plus sublime dévouement. Elle avait refusé de mettre sa vie à couvert par un sentiment de devoir envers son époux; le sentiment de l'amour maternel lui fit braver une mort qu'elle pouvait regarder comme certaine.

---

(1) M. de Jarjaye.

Le 3 juillet 1793, on la sépara de son fils, qu'elle embrassa pour la dernière fois. Le 8 août suivant, on vint au milieu de la nuit l'enlever pour la conduire à la conciergerie. Le jeudi 3 octobre, la convention ordonna de la mettre en jugement. L'acte d'accusation portait qu'elle avait dilapidé les finances, épuisé le trésor public en faisant passer des sommes énormes à l'empereur son frère, entretenu des correspondances avec les ennemis de l'État, et favorisé les troubles intérieurs. Beaucoup de témoins furent entendus sans qu'on obtînt contre elle la moindre preuve. Aussi M. Chauveau-la-Garde, son défenseur, s'écria-t-il : « Je ne suis, dans cette affaire, embarrassé que d'une seule chose; ce n'est pas de trouver des réponses, mais une seule accusation vraisemblable. » M. Bailly (1), appelé

---

(1) Jean-Silvain Bailly, membre de l'Assemblée constituante, et qui présidait les États généraux, lorsqu'ils se déclarèrent Assemblée nationale; maire de Paris, en octobre 1789 : homme doux et honnête, mais qui, comme tant d'autres, avait mal jugé les suites que pouvaient et devaient avoir les actes de la première Assemblée, ainsi que l'encouragement donné au mouvement populaire. Membre de l'Académie française et de celle des sciences, il publia de nombreux ouvrages qui lui ont acquis une réputation méritée, entr'autres, l'*Histoire de l'Astronomie ancienne et moderne*, 4 volumes in-4°; celle de l'*Astro-*

en témoignage, eut le courage de reprocher au féroce Fouquier-Tainville, d'avoir rédigé l'acte d'accusation sur des faits notoirement faux et calomnieux. Manuel, procureur de la commune, qu'on croyait mal disposé pour sa majesté, s'exprima de même, et plaignit hautement la destinée de cette infortunée princesse. Elle répondit à tous les interrogatoires avec autant de précision que de courage et de dignité. Son ton noble et calme frappa tous les spectateurs, leur inspira le plus vif intérêt, excepté à ceux qui n'étaient venus que pour se réjouir de son infortune. Elle entendit l'arrêt de sa mort, sans la moindre émotion. Après une longue séance, on la ramena dans sa prison. Le lendemain à onze heures du matin, elle en sortit pour être conduite à l'échafaud. « Voici Madame, lui dit quelqu'un qui s'était mis sur son passage, l'instant de vous armer de courage. » — « De courage, répliqua-t-elle! il y a si long-temps que j'en fais l'apprentissage, qu'il n'est pas à craindre que j'en manque dans ce moment. » On lui avait ôté sa robe

---

nomie Indienne et Orientale, in-4°; Lettres sur l'origine des sciences, et sur l'Atlantide de Platon. Son discours de réception à l'Académie française, et ses éloges de Charles V, de Corneille, de Molière et de Leibnitz, ont été admirés. Il fut guillotiné sous Robespierre, le 12 novembre 1793.

de deuil, pour la revêtir d'une mauvaise robe blanche. A midi, le lugubre cortége arrive sur la place de Louis XV; la reine monta sur l'échafaud avec précipitation, se mit à genoux; et, après un court recueillement, dit d'une voix ferme, et assez élevée pour être entendue : « Seigneur, éclairez et touchez mes bourreaux; adieu, mes enfans, je vais rejoindre votre père. » Elle leva les yeux au ciel, et reçut le coup qui termina ses jours, le mercredi 16 octobre 1793, à l'âge de trente-huit ans. Le chagrin avait altéré ses traits, et blanchi ses cheveux; elle avait même presque perdu la vue d'un œil, par le défaut de repos, et par l'air humide et malsain de la chambre où elle avait été renfermée à la conciergerie.

Le maréchal duc d'Étrées (1), écrivain impartial, dit dans ses Mémoires : « Quand je fais réflexion aux circonstances de la mort du maréchal d'Ancre, je ne la puis attribuer qu'à sa mauvaise destinée.... Comme il était naturellement bienfaisant, il avait désobligé peu de personnes; il fallait que ce fût son étoile ou *la nature des affaires*, qui eussent fait soulever tant de monde contre lui. Il était

---

(1) Le maréchal duc d'Étrées, frère de Gabrielle d'Étrées, duchesse de Beaufort, mourut à Paris, le 5 mai 1670, à 98 ans.

agréable de sa personne, sa conversation était douce, aisée, etc.» — L'infortunée reine de France rappelle ce passage; mais la *fatalité*, une *étoile*, la *destinée*, ces mots vagues ne se présentent à l'esprit embarrassé que pour exprimer ce dont on ne peut se rendre raison. Il faut donc chercher la cause de cette haine contre une princesse qui n'avait fait de mal à personne, et qui avait obligé une infinité de gens, dans ce que M. d'Étrées appelle la *nature des affaires ;* dans l'effet des intrigues d'un certain nombre de personnes dont il est inutile aujourd'hui de rappeler les noms; dans les manœuvres des révolutionnaires, qui, craignant l'opposition qu'elle pourrait apporter à leurs desseins, employèrent les plus calomnieux libelles et tous les autres moyens pratiqués alors, pour soulever le peuple et l'exciter contre elle (1). En examinant la vie de la reine avec l'impartialité que la vérité impose, et en se dé-

---

(1) Il paroît démontré, qu'il se forma de bonne heure, contre la reine, une cabale qui s'attacha à la décrier en envenimant toutes ses actions, et en répandant sur sa conduite les calomnies les plus absurdes et les plus atroces. On croit avoir la certitude que ce fut ce parti qui tira de la Salpétrière madame de la Motte, et qui la fit passer en Angleterre pour avouer les affreux et dégoûtans libelles qui parurent sous son nom.

pouillant à cet effet de toutes sortes de prévention, on trouve, sans doute, dans sa conduite quelques imprudences qu'elle-même a regrettées. Mais qu'on lise dans les différens Mémoires et dans les Lettres du temps ce qu'on rapporte d'Anne d'Autriche, et même d'Henriette d'Angleterre, duchesse d'Orléans; que de choses inconsidérées à leur reprocher! Cependant, Anne d'Autriche, après avoir gouverné le royaume comme régente, eut le bonheur de passer le reste de ses jours auprès du roi son fils, qui ne cessa de lui témoigner le plus profond respect, les plus grands égards; et, malgré l'ardeur de sa jeunesse et son caractère altier, souvent de la soumission à ses conseils. Henriette d'Angleterre, après que tous les efforts de l'art eurent été employés en vain pour la sauver, expira entourée des personnes qu'elle aimait, et qui ne l'avaient pas quittée un instant depuis les premiers symptômes de la maladie; elle reçut tous les secours qu'offre la religion, et fut assez heureuse dans ces momens d'épreuve, pour être consolée dans ses peines, et fortifiée dans son espoir, par les discours du grand homme (1), qu'elle-même avait choisi pour lui rendre les tristes, mais saints devoirs que peu auparavant il avait rendus à la reine sa mère : sa

(1) Bossuet.

mort fut pleurée non-seulement par la cour, où elle était adorée, mais par la nation entière. Marie-Antoinette, après une longue suite de persécutions et de souffrances, mais qui n'ont jamais abattu son courage, ni pu l'engager dans aucune démarche incompatible avec sa gloire, a péri sur l'échafaud sans que personne osât la plaindre. Seule et abandonnée, privée dans ce moment redoutable de tout secours religieux, sans un ami pour recevoir ses dernières paroles, et lui fermer les yeux, il lui resta Dieu; et elle mourut, sans doute, pleine d'espérance dans sa bonté.

www.ingramcontent.com/pod-product-compliance
Ingram Content Group UK Ltd.
Pitfield, Milton Keynes, MK11 3LW, UK
UKHW021010200726
13857UKWH00004B/1373

9 782012 872127